LES PRUSSIENS

A L'ISLE — ADAM

ET

A PARMAIN

DU 16 AU 30 SEPTEMBRE 1870

PAR

LE DOCTEUR ABBADIE

(DEUXIÈME ÉDITION)

PONTOISE

IMPRIMERIE PUTEL ET DÉSABLEAU

61 ET 63, RUE BASSE

—

1886

LES PRUSSIENS.

A L'ISLE – ADAM

ET

A PARMAIN

DU 16 AU 30 SEPTEMBRE 1870

PAR

LE DOCTEUR ABBADIE

~~~~~~~~~~~~~~~

(DEUXIÈME ÉDITION)

~~~~~~~~~~~~~~~

PONTOISE

IMPRIMERIE PUTEL ET DÉSABLEAU

61 ET 63, RUE BASSE

—

1886

AVANT-PROPOS

Je vais, en quelques mots, faire le récit des événements dont l'Isle-Adam et Parmain ont été, à ma connaissance, le théâtre du 16 au 30 septembre 1870.

J'ai pensé que ce récit, aussi complet et bien ordonné qu'il m'a été possible, présenterait quelque intérêt aux personnes qui ne sont pas indifférentes à la chose publique. D'un autre côté, ces faits méritent d'être recueillis, car ils sont glorieux. Nous voyons une poignée de Français, armés pour la plupart de fusils de chasse, tenir en échec, pendant huit jours, un ennemi trente fois plus nombreux.

M. Henri Martin a déclaré, dans une lettre publiée par les journaux, que Saint-Quentin d'abord, et Châteaudun ensuite, avaient donné *le signal de la défense des villes ouvertes*.

L'éminent historien a commis une erreur involontaire (1).

Ce signal a été donné par Parmain ; et lorsque Saint-Quentin et Châteaudun firent leur héroïque défense, Parmain était déjà en cendres.

---

(1) Saint-Quentin s'est défendu le 8 octobre, et Châteaudun le 18 du même mois.

M. Capron, pharmacien, fut l'instigateur principal de ce mouvement patriotique. Après l'incendie de sa maison, M. Capron garda courageusement son fusil. Malgré ses 60 ans, il partit pour le département de la Seine-Inférieure, et là, tout l'hiver durant, à la tête d'une compagnie de francs-tireurs, il continua la lutte jusqu'à la capitulation de Paris.

De pareils faits ne méritent pas de tomber dans l'oubli.

Ne serait-il pas aussi patriotique qu'honorable pour l'Isle-Adam et Parmain, de sceller, à l'angle du pont de fer, sur le mur que criblèrent les balles prussiennes, une plaque de marbre portant ces mots :

ICI

DU 23 AU 30 SEPTEMBRE 1870

QUELQUES BRAVES

ARRÊTÈRENT UN ENNEMI

TRENTE FOIS PLUS NOMBREUX.

LES PRUSSIENS

A L'ISLE-ADAM ET A PARMAIN

DU 16 AU 30 SEPTEMBRE 1870.

6 Septembre. Les Prussiens arrivèrent à l'Isle-Adam le vendredi 16 septembre, à 11 heures du matin.

On peut dire que ce 16 septembre fut le jour des humiliations.

Le drapeau français arraché de l'Hôtel-de-Ville ; nos armes
rendues et brisées ; les marronniers couchés en travers de la
route, enlevés par ceux-là mêmes qui les avaient abattus ; au
Pavillon de Paris, les mêmes terrassiers qui, la veille, en vue de
retarder la marche de l'ennemi, avaient ouvert une large et
profonde tranchée, obligés de combler cette même tranchée.

Trois uhlans, le cigare à la bouche, le pistolet au poing,
traversent la rivière et se présentent à la station du chemin de
fer. Ils enfoncent les portes, arrachent les appareils télégra-
phiques, les brisent et les jettent par terre.

❉

Les uhlans partirent le dimanche matin, 18.

2 Septembre. Jusqu'au jeudi 22, rien. Ce jour-là, nouvelle invasion. De 150
à 200 fantassins s'abattent sur notre commune. Ils formulent des
demandes de réquisitions exorbitantes, et la municipalité ne
peut y satisfaire.

Alors les Prussiens s'introduisent dans les maisons et prennent
tout ce qu'ils trouvent à leur convenance.

A Parmain, M. Capron et quelques patriotes ne peuvent voir
de sang-froid tous ces Prussiens entrer en maîtres dans nos
maisons et les livrer au pillage.

Ils font appel à leurs amis. Le rendez-vous est donné au fond
d'une carrière. Ils sont vingt-huit et la résistance est décidée.

*

Le lendemain vendredi, les éclaireurs signalent du côté de 23 Septembre
Mériel et de Méry un parti de Prussiens qui venaient avec des
chariots rançonner l'Isle-Adam et Parmain.

Sans perdre de temps, les francs-tireurs vont s'embusquer sur
la rive droite de l'Oise, en face du château de Stors.

Les Prussiens arrivent et, selon leur habitude, en chantant.
Une fusillade aussi inattendue que bien nourrie les reçoit. Les
voilà aussitôt qui se dispersent, abandonnant chevaux, chariots
et provisions.

Pour nous, ce fut un jour de patriotisme. La population de
l'Isle-Adam et de Parmain presque tout entière, au bruit de la
fusillade, prit les armes et se tint prête au combat. Les femmes
se mirent de la partie, et je vois encore la laitière Kléber
parcourant la Grande-Rue de l'Isle-Adam en criant : Aux armes !

De tous les côtés arrivaient les chevaux et les chariots pris. Des
hommes montaient les chevaux ; d'autres, avec les femmes et
les enfants, traînaient à bras les chariots, qui devant, qui
derrière, qui aux roues... et chacun était fier de son trophée.

*

Le lundi 26, vers onze heures du matin, je partis pour Villiers- 26 Septembre
Adam, où m'attendait un ami indisposé. Il faisait une de ces
magnifiques journées comme il en a trop fait dans ce fatal
automne de 1870. Le soleil n'avait pas autant de chaleur, mais il
avait autant d'éclat qu'au mois de juin, et, comme au mois de
mai, les arbres étaient verts.

Arrivé bien loin dans la forêt et sur une hauteur, je portais
mes yeux tantôt vers le site si pittoresque de l'*Abbaye du Val*,
tantôt vers les jolis coteaux qui ferment au levant la vallée de
Montmorency. En d'autre temps, je me serais livré à ce doux

ravissement que donnent les beautés de la nature. Mais j'étais triste, et je ne pouvais sans tristesse voir ce merveilleux épanouissement de la nature sur mon pays, déjà victime de si douloureux événements, et future victime d'événements plus douloureux encore. Je ne pouvais m'empêcher de penser que ce temps si beau favorisait la marche de l'ennemi, qui roulait vers notre bien-aimé Paris ses formidables canons... J'aurais préféré une nature menaçante et terrible ; j'aurais voulu voir nos routes s'effondrer sous le pas de leurs chevaux ; j'aurais voulu que toutes les foudres...

J'étais livré à ces réflexions, quand tout à coup j'entendis un grand bruit derrière moi. Je me retournai et je vis une douzaine de femmes criant et pleurant, et fuyant vers la forêt avec leurs enfants et leurs bestiaux.

Je m'approchai de ces malheureuses et leur demandai pourquoi elles fuyaient ainsi.

— Oh ! monsieur, me répondirent-elles, nous sommes perdues. Les Prussiens marchent sur Villiers-Adam. Ils pillent tout, ils brûlent tout. Hier, à Chauvry, ils ont tout saccagé, et ils ont fusillé le père... Et les voilà continuant à toutes jambes leur fuite vers la forêt.

Après la disparition de ces bonnes femmes, je repris le chemin de Villiers-Adam.

Je trouvai mon ami peu malade, mais assez préoccupé. Ce que m'avaient dit les bonnes femmes au sujet de Chauvry était la vérité. M. B..., qui, à côté d'une maison bourgeoise agréablement située, possède une maison de culture importante, était fort soucieux. Bientôt un employé de la ferme nous apporte la nouvelle que douze cents Prussiens environ ont été aperçus à Bessancourt, puis à Méry, puis à Mériel, et que ces Prussiens demandent la route de Parmain.

La maison de M. B... est surmontée d'un belvédère duquel on domine toute la contrée environnante. Nous y montons, et nous apercevons quelques francs-tireurs qui, par-ci par-là, disparaissent dans le bois Monthiers. Un instant après, nous entendons du côté de l'Abbaye du Val, comme un feu de peleton, et puis plus rien.

Ma visite chez M. B... terminée, je me dispose à revenir à l'Isle-Adam, et je prends le chemin neuf qui mène à Mériel. J'avais parcouru les trois quarts du chemin, quand j'entendis de l'autre côté d'un bouquet d'arbres un grand bruit de pas de chevaux. Bientôt une nuée d'uhlans débouche de la route départementale dans le chemin neuf. Les chevaux trottaient, les flammes des lances flottaient au vent, et les casques reluisaient au soleil. Tous ces hommes paraissaient très anxieux et irrités.

Je me trouve au milieu d'un escadron du 3ᵉ uhlans de la garde.

Le commandant me fait signe d'approcher, et, après m'avoir adressé diverses questions, me livre à la garde d'un capitaine.

Ce capitaine commence par saisir et armer son revolver. Il parlait bien français ; mais il était atteint d'une extinction de voix telle que j'avais beaucoup de peine à le comprendre.

— Vous étiez, me dit-il en colère et ses yeux cherchant mes yeux, vous étiez sans doute au nombre de ces brigands, de ces assassins qui, cachés derrière un mur, ont tiré sur nos hommes dans ce fond là-bas ?... Et de la tête il montrait l'Abbaye du Val.

— Des brigands ! des assassins ! lui dis-je, il n'y en a pas par ici.

LE CAPITAINE. — Vos francs-tireurs ne sont pas des soldats ; ce sont des assassins, ce n'est pas la guerre, ça !...

— Je ne suis pas franc-tireur. Je suis médecin, voyez mon brassard !

LE CAPITAINE. — Votre brassard ! Je m'en moque pas mal !

— Je suis médecin à l'Isle-Adam, et je fais ma tournée.

Le capitaine ne répondit même pas.

Nous continuons à marcher pendant dix ou quinze minutes sans rien dire, et moi au milieu des chevaux et les pieds sur les cailloux. Tout en cheminant de la sorte, je me disais : Me voilà condamné à aller passer la nuit dans quelque poste prussien par là-bas, du côté de Saint-Brice. Car comment convaincre ce capitaine que je suis médecin ? Le brassard, la lancette, rien n'y fait ! Il me vint une idée qui me sauva.

Le capitaine venait de parler aux soldats.

— Capitaine, lui dis-je, votre extinction de voix n'est pas ordinaire ?

Le capitaine me regarde d'un air étonné.

— Si vous voulez suivre mes conseils, dans trois jours vous serez guéri.

Aussitôt je rédige une ordonnance. Le capitaine la lit avec attention.

— Eh bien, capitaine! êtes-vous convaincu? Allez-vous me lâcher?

— Allez!

Je ne me le fis pas dire deux fois, et je repris le chemin de Mériel, bien content, car l'idée de faire un long trajet à pied, la nuit, au milieu des cavaliers prussiens, ne me souriait guère.

Que s'était-il passé pour que ce petit chemin de Villiers-Adam à Mériel servît à la retraite de la colonne prussienne?

Le voici:

Les Prussiens qu'on avait vus le matin à Méry et à Mériel s'étaient en effet dirigés vers l'Isle-Adam pour venger la journée des chariots. Ils étaient arrivés à Stors. Mais là étaient les francs-tireurs.

La fusillade commence. Les francs-tireurs sur la rive droite, embusqués dans les broussailles, derrière les grands arbres, tirent à coup sûr. De leur côté, les Prussiens s'abritent derrière les murs de la *Souris-Blanche* et les parapets du parc Chevreux, et opposent une vigoureuse résistance. Grâce aux abris qui les protègent, les francs-tireurs n'ont ni tués ni blessés. Les Prussiens, au contraire, moins garantis, perdent beaucoup de monde, et, vers 4 heures, reconnaissant l'impossibilité de forcer le passage, ils cessent le feu et se retirent.

C'est alors qu'ils s'engagent sur la route qui va à *la Cave* par l'Abbaye du Val.

Cinq francs-tireurs sont là, derrière le mur du parc Leemans, qui attendent l'arme au pied. Les Prussiens arrivent. Les francs-tireurs déchargent leurs fusils à bout portant. (Le soir, je vis sur la route plusieurs flaques de sang.) Les Prussiens, épouvantés par cette décharge inattendue, et trouvant, avec raison, à cette gorge de l'Abbaye du Val, je ne sais quoi de sombre et de menaçant, reviennent sur leurs pas et prennent le chemin neuf de Villiers-Adam, où j'étais.

✿

27 Septembre. Le lendemain, mardi 27, les Prussiens tombèrent sur l'Isle-Adam comme la foudre. Ils avaient compris toutes les difficultés du passage de Stors, et ils étaient venus par la route de la Cave.

Le combat fut plus acharné que celui de la veille. La position des combattants était la suivante:

Du côté de Parmain, au pont coupé, une barricade solidement construite, s'appuyant au mur du prieuré, barrait entièrement la route et se terminait à gauche en angle droit. Cette barricade commandait le Pâtis, la Grande-Rue de l'Isle-Adam et la plaine située entre la propriété Dambry et la rivière..

Dans le parc Ducamp, en deux endroits, on avait garni les balustres de banquettes de terre et de pieux, avec fossé derrière. C'étaient deux petites redoutes qui donnaient aux francs-tireurs un abri sûr et qui commandaient l'avenue des Écuries, le parc Dambry et la plaine située entre ce parc et la rivière.

L'ennemi avait placé deux obusiers à mi-côte des Marronniers. Quant aux tirailleurs, les uns étaient embusqués dans le saut-de-loup et derrière les arbres du parc Dambry; les autres occupaient les maisons du Pâtis ; quelques-uns étaient postés dans la *ruelle à Camus*, d'autres enfin un peu partout.

Ce fut un véritable combat, et qui fit le plus grand honneur aux francs-tireurs.

La victoire resta aux nôtres. Vers quatre heures du soir, les Prussiens renoncèrent à la lutte et firent sonner la retraite.

Mais le plus affreux allait commencer. La fusillade avait à peine cessé, qu'on entendait à l'Isle-Adam le cri : Au feu ! au feu !

Les Prussiens, furieux de se voir battus comme la veille à Stors, s'étaient retirés, mais en se partageant une horrible besogne.

Tandis que les uns maltraitaient et garrottaient des habitants paisibles, les autres mettaient le feu aux deux mairies, aux maisons Rey et Crépin, et disaient : *Assez pour aujourd'hui ; nous reviendrons terminer demain.*

Sous le coup de ces menaces, l'Isle-Adam déjà bien désert, vit une subite recrudescence d'émigration. Fort heureusement pour le salut de la cité qu'un vieillard, M. Viger, conservait et son sang-froid et sa présence desprit.

✿

Le lendemain matin, mercredi, nous nous rencontrons dans la rue, M. Viger et moi. Nous causons des événements de la veille et de la panique qui régnait dans le pays. 28 Septembre

— Ce n'est pourtant pas le moment, dit M. Viger, de perdre courage. Il ne s'agit pas de se laisser enfumer dans les maisons comme des renards... Il faut aller au quartier général prussien, exposer au prince de Saxe la situation respective de l'Isle-Adam et de Parmain. Voulez-vous m'accompagner ?

Je trouvai l'idée excellente.

Aussitôt dit, aussitôt fait ; nous partons pour le quartier général.

Arrivés à Stors, nous voyons devant nous, sur le chemin, un petit groupe d'hommes paraissant délibérer, et à côté d'eux quelque chose de noir étendu par terre. Nous approchons. C'étaient les employés du château qui se demandaient ce qu'ils avaient à faire... Ce quelque chose de noir était un Prussien mort.

Nous leur disons aussitôt : Hàtez-vous d'enterrer cet homme ! Si les Prussiens revenaient, et ils reviendront d'un instant à l'autre, ils ne manqueraient pas de vous fusiller et de brûler le château.

Ces braves gens se mettent immédiatement en quête de bêches, pioches et chaux vive. Ils creusent une fosse dans la berge de la rivière, et ils déposent le Prussien et la chaux vive dedans. Une croix, pas plus longue que deux pouces, gravée dans le garde-fou du chemin, indique la place où repose ce malheureux.

Nous repartons. Chemin faisant, je n'étais pas sans inquiétude sur le compte de mon ami Viger, et je me disais : Ne va-t-il pas se mettre dans la gueule du loup ?

A l'Isle-Adam, on disait, bien à tort sans doute, qu'un homme servait d'espion et qu'il avait livré aux Prussiens les noms des francs-tireurs. Or, M. Viger avait été des premiers à prendre le fusil. Je regardais M. Viger, et je lui trouvais son calme habituel. Il ne pensait qu'au bien qu'il allait faire.

Arrivés à Eaubonne, nous sommes arrêtés par les sentinelles prussiennes. Nous faisons connaître l'objet de notre voyage. On nous répond que le prince royal de Saxe n'est pas à Eaubonne, et qu'il n'y a qu'un général, qui habite la première grande maison à gauche ; c'était la maison de M. Dehaynin.

Après une longue attente, nous voilà en présence du général.

M. Viger tint à ce général le langage suivant :

— Nous sommes de l'Isle-Adam — le général prend sa carte, et dit en montrant l'Isle-Adam du doigt : Voilà ! — et nous venons vous dénoncer des actes affreux commis hier par vos soldats. En face de l'Isle-Adam, de l'autre côté de l'Oise, se trouve le hameau de Parmain, où se sont établis des francs-tireurs *accourus du Nord, du Midi, de tous les côtés.* Hier, les Prussiens son venus l'attaquer. Après un combat de plusieurs heures, ils ont été obligés de se retirer ; mais, probablement pour satisfaire leur colère de n'avoir pu réduire Parmain, ils ont maltraité et enchaîné un grand nombre d'habitants inoffensifs et mis le feu à plusieurs maisons et monuments publics de l'Isle-Adam, et ils ont dit : *Assez pour aujourd'hui, nous terminerons un autre jour !*

Général, je suis un ancien officier du premier Empire ; j'ai fait la guerre et je l'ai vu faire, mais jamais de cette façon-là. Nous faisions du mal à ceux qui nous faisaient du mal ; et à ceux qui ne nous faisaient rien, nous ne faisions rien. Or, l'Isle-Adam ne s'est pas défendu, et il a fourni toutes les réquisitions qu'on lui a demandées.

— Mais, dit le général, mécontent au premier abord, les francs-tireurs ne sont pas des soldats, ce sont des assassins. Ce n'est pas la guerre, cela. On ne peut pas se montrer sur une route sans s'exposer à être assassiné !

— Ceci, général, dit M. Viger. c'est une autre question. Que les francs-tireurs fassent beaucoup de mal aux armées régulières, c'est vrai. Mais on se défend contre les francs-tireurs comme on peut, et on ne vient pas incendier les maisons des habitants paisibles. Est-ce la guerre, général ?... Au reste, vous atteindrez un but tout autre que celui que vous voulez atteindre. Vous redoutez les francs-tireurs ! Eh bien ! vous en décuplerez le nombre si vous brûlez les maisons des gens inoffensifs. Moi-même, malgré mes 75 ans, si ma maison est brûlée, je serai franc-tireur !.....

Le général avait une taille de six pieds et l'aspect rude, mais c'était un homme raisonnable. Je le voyais visiblement dominé par le langage si juste de M. Viger. Changeant de ton, il nous dit :

— Je vous remercie, messieurs, d'être venus me voir. On nous reproche quelquefois de vilaines actions. Il faut s'en prendre à notre ignorance. Nous ne violons jamais les lois de la guerre en connaissance de cause. Si les notables des communes, comme vous, venaient nous éclairer, le mal que nous faisons n'arriverait pas. Vous ne relevez pas de mon commandement ; vous relevez du commandement de Saint-Brice. *Mais soyez sans inquiétude sur le sort de l'Isle-Adam. Ce soir, à cinq heures, je transmettrai moi-même vos réclamations au général qui commande à Saint-Brice, et comptez sur ma parole. Il n'est pas conforme aux lois de la guerre de brûler un village parce qu'il y a des francs-tireurs dans un village voisin.* Quant à Parmain, il sera châtié... Et comment se fait-il qu'il ne le soit pas déjà ? Comment se fait-il que nos soldats ne l'aient pas emporté du premier coup ?...

— Permettez, général, voici l'état des choses à Parmain : les francs-tireurs ne sont pas de Parmain ; ils sont venus de tous côtés, du Nord et du Midi. Les principaux sont des évadés de Sedan, où ils étaient éclaireurs de l'armée de Mac-Mahon. Surtout, général, ne croyez pas que les habitants de Parmain soient satisfaits de la situation faite à leur commune par les francs-tireurs. Parmain, à cause de sa position stratégique, a été choisi comme lieu de défense par les francs-tireurs, et ceux-ci en sont les maîtres absolus.

En tenant ce langage, où le faux se mêlait au vrai, nous avions l'intention, après avoir obtenu gain de cause pour l'Isle-Adam, de plaider la cause de Parmain.

Malheureusement ces paroles, et c'était bien visible, ne produisaient aucun bon effet sur l'esprit du général, qui restait inexorable à l'endroit de Parmain. Un court silence se fit, après lequel nous présentâmes au général nos civilités, et nous reprîmes le chemin de l'Isle-Adam (1).

Nous étions, qu'on me permette l'expression, satisfaits sans l'être.

Le général nous avait répondu de l'Isle-Adam. Mais pouvait-on se fier à la parole d'un général prussien ? Et puis, qu'adviendrait-il de Parmain ?

✿

9 Septembre. Le lendemain jeudi, dernier jour de cette glorieuse lutte, nous nous disons, M. Viger et moi : « Il est onze heures, les Prussiens ne viendront pas aujourd'hui. En cas que le général d'Eaubonne n'ait pas transmis nos réclamations au général de Saint-Brice, si nous allions à Saint-Brice ? » Comme toujours, aussitôt dit, aussitôt fait ; nous voilà partis pour Saint-Brice.

Au pavillon de Paris, nous nous croisons avec une patrouille de uhlans.

(1) Voir à la fin de ce travail, la note première.

Bien plus loin, à l'endroit appelé *la Porte à Money*, nous voyons un homme qui quitte tout à coup son travail et se met à courir dans la direction de Nerville. Je demande à cet homme ce qu'il a pour courir de la sorte.

— Comment ! me dit-il, vous n'entendez donc pas ce bruit derrière Val-Pendant ? Ce sont eux.... et je me sauve !

En effet, dès que notre charrette, qui faisait beaucoup de bruit quand le cheval trottait, fut arrêtée, nous entendîmes le grand bruit derrière Val-Pendant.

Quelques minutes après, à la Cave, nous nous trouvons en présence d'une *nuée de Prussiens*, et il en arrivait toujours : uhlans, fantassins, artilleurs, pontonniers. Les uns, avec les pontonniers, se dirigent vers Beaumont, et les autres, le plus grand nombre, vers l'Isle-Adam.

Cette rencontre est loin de nous charmer, car notre voyage à Saint-Brice perdait son objet.

Le défilé terminé, nous nous faisons le raisonnement suivant : Si le général d'Eaubonne a transmis nos réclamations au général de Saint-Brice, il est inutile d'aller plus loin ; si nos réclamations n'ont pas été transmises, il est trop tard. Nous n'avons qu'une chose à faire : retourner à l'Isle-Adam.

En effet, nous revenons sur nos pas. Nous pouvons librement circuler jusqu'à mi-côte des Marronniers. Mais là, dans la maison d'Amable Mailly, s'est établi un poste prussien qui nous empêche de passer, malgré notre insistance. Nous sommes obligés de tourner bride et de nous réfugier aux Forgets. Nous passâmes là cinq mortelles heures, entendant tous les bruits du combat.

Vers le soir, n'entendant plus rien et pensant que la bataille est terminée, nous remontons en voiture et nous tentons de rentrer à l'Isle-Adam. Mais cette fois, plus de cent Prussiens occupent la maison Mailly, la route et les champs voisins. C'est en vain que nous faisons connaître à l'officier et notre voyage de la veille à Eaubonne et notre essai de voyage d'aujourd'hui à Saint-Brice. Celui-ci nous écoute à peine, se montre arrogant et nous signifie de nous éloigner.

Nous reprenons le chemin de la Cave, bien contrariés et escortés par six uhlans, qui ne nous quittent que hors forêt.

A Presles, nous trouvons le plus cordial accueil dans une bonne et hospitalière famille, la famille Parguez. La nuit est sans

sommeil. La bataille est-elle finie ? Quelle en est l'issue ?
Parmain et l'Isle-Adam sont-ils pillés, saccagés ou brûlés (1) ?...

Le lendemain vendredi, au jour naissant, nous repartons pour
l'Isle-Adam. Arrivés au haut de l'avenue des Marronniers, nous
ne voyons ni fumée, ni flammes, aucun signe d'incendie. Quel
bonheur ! Nous entrons dans l'intérieur de la ville. Toutes les
maisons fermées, et celles qui sont ouvertes le sont pour *cause* ;
c'est qu'elles ont les portes, les devantures ou les volets défoncés
ou brisés. Les rues complètement désertes.

Vers sept heures, les Prussiens sortant des hôtels *(Écu et
Saint-Nicolas)* et des maisons voisines, ou débouchant des quais
en amont et en aval de la rivière, se massent sur le premier pont.
Timidement et lentement, ils approchent de la grande barricade
de Parmain. Là, voyant que Parmain n'a plus de défenseurs, ils
passent la rivière. Il est huit heures.

Avant de conter l'affreux événement de ce jour, il est nécessaire
de dire ce qui s'était passé la veille.

Les quinze ou seize cents Prussiens que nous avions rencontrés
à la Cave, M. Viger et moi, s'étaient, comme je l'ai déjà dit,
divisés en deux corps inégaux : l'un, les pontonniers et deux ou
trois cents fantassins, avait pris la route de Beaumont, et l'autre
celle de l'Isle-Adam.

Comme l'avant-veille, les Prussiens de l'Isle-Adam s'étaient
emparés des maisons qui bordent la rivière et du parc Dambry,
dont le saut-de-loup et les grands arbres les abritaient si bien.

Ils s'étaient emparés également de l'hôtel de l'Écu, des maisons
Tiphaine et Lemaire-Sandras, et surtout de l'hôtel Saint-Nicolas,
dont ils avaient garni les fenêtres de matelas et de meubles.
Protégés par ces abris, ils pouvaient tirer sur la barricade du
pont et sur la redoute de la pointe nord de l'île.

Ce n'est pas tout. Avenue des Écuries, des tirailleurs se glissant
d'arbre en arbre étaient parvenus jusqu'à l'entrée de la maison
Pâtissier. Ils avaient enfoncé la grille du jardin, fait brèche au
mur et pénétré dans le jardin de la Tremblaye. Là, du côté de la
rivière, le mur étant très élevé, ils avaient établi des tréteaux à
l'aide de planches, de meubles et de tonneaux vides. Montés sur
ces tréteaux et abrités par le faîte du mur, ils tiraient sur les

---

(1) Voir, note deuxième, le récit du triste épisode qui s'accomplit dans la
maison de M. Viger tandis qu'il était en route pour le quartier général.

redoutes du parc Ducamp, tandis que d'autres tiraient des fenêtres de la maison.

D'autres tirailleurs plus audacieux, franchissant le premier pont, malgré les balles qui partaient de la barricade de Parmain, s'étaient introduits dans la maison Hémont. Là, faisant brèche aux murs des jardins de l'île, ils étaient arrivés au terrain Ducamp. On sait que ce terrain, sorte de verger, est terminé, du côté de la rivière, par un remblai supportant un mur et une grille. Couchés à plat ventre sur ce remblai, ils tiraient aussi bien sur la barricade du pont que sur les redoutes du parc, séparés de ces derniers points seulement par la largeur de la rivière.

L'artillerie s'était postée à mi-côte des Marronniers.

Le combat avait été acharné. Les Prussiens voulaient en finir avec Parmain.

Comme le mardi, la victoire serait restée aux nôtres; mais il y avait eu *du nouveau* dans la tactique des Prussiens.

Les pontonniers et les deux ou trois cents Prussiens que nous avions laissés à la Cave, sur la route de Beaumont, avaient jeté un pont à Mours. Les tirailleurs s'étaient bientôt déployés sur le chemin de halage, sur la voie du chemin de fer et sur toutes les routes qui conduisent à Parmain. Les francs-tireurs, se voyant pris à revers, jugèrent avec raison la continuation de la lutte impossible, et M. Capron fit sonner la retraite. Il était sept heures du soir (1).

Les Prussiens eurent peur de la nuit, et seulement le lendemain matin, ils osèrent prendre possession de Parmain abandonné.

✻

30 Septembre. Ce jour-là, vendredi, vers dix heures du matin, j'étais sur le seuil de ma porte.

Je vois tout à coup une fumée épaisse sortir de toutes les

(1) C'est à ce moment que M. Desmortier, ancien juge d'instruction près le tribunal de la Seine, fut pris les armes à la main, emmené à Persan, et fusillé dans un champ de betteraves. Il était âgé de soixante et onze ans.
On dit que les derniers moments de M. Desmortier furent des plus dignes.
Traduit devant un conseil de guerre, il répondit : J'ai servi mon pays, j'ai fait mon devoir, j'ai fait ce que tous les Français devraient faire.
Devant les soldats exécuteurs, il reste la tête haute et dit : « Je vais mourir pour la patrie... Je meurs content ! »
Que la France garde dans son livre d'or le nom de M. Desmortier !

fenêtres du pavillon Ducamp et de la maison Chapelle. Je cours vers le premier pont, et je vois, ou plutôt nous voyons, car d'autres personnes avaient vu et étaient accourues comme moi, nous voyons des nuages gris surgir par-ci par-là de Parmain. Bientôt tous ces nuages se réunissent en un seul, immense et sombre, et dans le nuage se montrent les étincelles par milliers et les jets de flamme.......... ....

Le soir, le ciel était étoilé et limpide. Vers neuf heures, j'allai sur les bords de la rivière. A ce moment, les flammes dévoraient avec rage le château de M. Ducamp. Les eaux de l'Oise, réverbérant l'incendie, le décuplaient; c'était une magnifique horreur!

NOTES

NOTE PREMIÈRE

Un jour, une personne de Parmain me reprocha *d'avoir été, avec M. Viger, au quartier général de nos ennemis réclamer en faveur de l'Isle-Adam contre la défense de Parmain.*

Ce reproche me parut des plus mal fondés.

En ce qui concerne l'Isle-Adam, je ne pense pas qu'il puisse y avoir de désaccord.

Le lendemain de l'incendie des maisons Rey et Crépin, en présence surtout des menaces prussiennes, devions-nous rester les bras croisés, attendre que l'Isle-Adam, *qui n'avait pas la gloire d'avoir combattu,* fût livré aux flammes? Je ne le pense pas.

Quant à Parmain, où seulement la résistance pouvait être organisée à cause de sa position sur la rive droite de l'Oise, nul, plus que M. Viger et moi, n'admire son patriotisme.

Mais qu'il me soit permis de dire que ce n'est pas notre visite au quartier général prussien qui a amené la terrible catastrophe dont cet héroïque petit hameau a été victime.

NOTE DEUXIÈME

Après notre retour à l'Isle-Adam, le vendredi matin, M. Viger eut beaucoup de peine à regagner sa maison, dont il avait laissé la garde à un domestique fidèle, nommé Théophile. Pauvre maison! la grille et les portes ouvertes, presque tous les carreaux cassés, les murs extérieurs criblés, et le toit, du côté de Parmain, éventré.

En entrant dans la cour, M. Viger fut frappé d'une chose : ordinairement, même après une courte absence, le chien Mylord accourait et lui faisait grande fête. Ce jour-là, Mylord ne parut pas. Théophile ne se montrait pas davantage. M. Viger se mit à l'appeler, et Théophile ne répondit pas.

Le vestibule et les pièces du rez-de-chaussée présentaient le plus grand désordre : les banquettes renversées, des livres, des journaux et du linge par terre ; des débris de meubles, des éclats de verre, des cartouches et des balles, et par dessus tout, le long du mur, quelque chose recouvert d'un drap blanc. A côté du drap était couché Mylord, qui semblait s'en être constitué le gardien.

Aux étages supérieurs, même tableau : les meubles renversés, les tiroirs ouverts ; les habits hors de la garde-robe ; le linge hors des armoires ; les livres hors de la bibliothèque (un grand nombre d'objets, ça va sans dire, ne furent pas retrouvés). Disons tout de suite, pour expliquer ces vols et ce pillage, que, durant le combat de la veille, les Prussiens s'étaient emparés de la maison et s'y étaient installés comme dans un fort.

Après avoir visité les étages supérieurs, M. Viger revient au vestibule. Mylord est là, il n'a pas bougé ; il n'a pas voulu accompagner son maître, fait bien contraire à ses habitudes, et que M. Viger n'avait pas remarqué dans le trouble du premier moment. Mais cette fois, par ses cris et son attitude, Mylord fixe l'attention de son maître. Celui-ci regarde, et voit un bras d'homme qui dépasse le linceul. Il écarte le linceul... c'est Théophile ! M. Viger accourt chez moi, désolé, et me dit : Ils m'ont assassiné mon pauvre Théophile ! Aussitôt je vais voir. Je trouve le malheureux saisi par la roideur cadavérique. Il avait un trou, derrière, à travers la palette de l'épaule droite, et, devant, un autre trou vers les dernières côtes gauches. La balle avait traversé obliquement les deux poumons. Cet innocent avait été fusillé à genoux, par derrière et presque à bout portant.

Dans cette même maison, rue de Conti, M. Viger est mort en 1884, et rien, parmi nous, ne conserve le souvenir de cet homme modeste, bienfaisant et brave.

Pourquoi ne pas placer sur sa tombe un témoignage public de notre reconnaissance (pierre commémorative, buste ou médaillon) ?

Pourquoi ne pas débaptiser la rue de Conti, qui a pour parrain un prince médiocre et sans titres à notre gratitude ; et pourquoi ne pas nommer cette rue : Rue Viger ?

www.ingramcontent.com/pod-product-compliance
Lightning Source LLC
Chambersburg PA
CBHW071345290326
41933CB00040B/2402